W0217058

Milchbar Schupo Tanzcafé

Horst Wisser

Wartberg Verlag

Bildnachweis:
Gerhard Apfel, Rossdorf, S. 50 r
Hans Anderhalden, Neuss, S. 30 u
Jost Auler, Dormagen, S. 29 l
Just Bergner, Jena, S. 12 o
Hans Bogatzky, Berlin, S. 19 u
Bärbel Broll, Hessisch Lichtenau, S. 23 m
Jürgen Cloos, Darmstadt, S. 44 u
Helmut Eckardt, Neuental, S. 32 o
Günter Frank, Düsseldorf, S. 46 u
Susanne Gierl, Darmstadt, S. 50 l
Edda Hinkel, Mühltal, S. 47 o
Michael Hohlmann, Neuss, S. 31 u
Inge Jung, Lörrach, S. 6 o, 13 o
Christiane Klinkler, Seeheim, S. 62 l
Lotte Köhler, München, S. 45 r
Karin Kraft, Groß-Bieberau, S. 33 r
Gisela Martens, Berlin, S. 19 l
Georg Nolte, Kassel, S. 32 u
Mariele Ohmen, Neuss, S. 18 u
Ralf Rogge, Solingen, S. 48 o
Nora Schäfer, Darmstadt, S. 49 o
I. Scheerer, Mühltal, S. 6 u
Horst Schindehütte, Kassel, S. 31 o
Hans Schmeing, Dorsten, S. 21 o
Uwe Schmidt, Schwalmstadt, S. 23 o
Alexandra Schwed, Saarlouis, S. 13 u
Hans-Otto Timmke, Seelze, S. 47 u
Dieter K. Tscheulin, Lörrach, S. 51 u
Brunhilde Walter, Kassel, S. 31 r
Wilhelm Wannemacher, Darmstadt, S. 54
Karl Wesch, Darmstadt, S. 51 o
Nikolaus Zachos, Dorsten, S. 22 o

Archive, Fotografen und Museen:
Dokumentationszentrum, Heilbronner Stimme: S. 8 o
Denkmalschutzamt Hamburg, Bildarchiv: S. 8 r, 10, 17
50er Jahre Museum Büdingen: S. 34 r, 35
Haus der Geschichte Baden-Württemberg, Stuttgart: S. 39
Sächsische Landesbibliothek- Staats- und Universitätsbibliothek Dresden, Deutsche Fotothek: S. 5 o, 8 u, 9 o, 9 l, 14 (A. Pisarek), 25 r, 41 u, 43 u, 53 u, 56 o. r
Stadtarchiv Kassel: S. 37

Bettina Deuter, Speyer: S. 26, 29 o, 59 o, 62 o
Gustav Hildebrand, Schlüchtern: S. 50 u, 54 u, 56 o. l
Reinhard Konopka, Gelsenkirchen: S. 60 l
Willi Luther, Wolfsburg: S. 21 u, 38 u, 42 o, 44 o, 48 u, 52 u, 54 o, 61 u
Klaus Meier-Ude, Frankfurt am Main: S. 4, 5 re. u, 5 li. u, 7 o, 11, 12 u, 15, 16, 25 o, 25 l, 27, 28 l, 34 o, 36, 38 o, 38 r, 40 u, 41 o, 45 o, 45 l, 46 o, 53 o, 55, 56 u. l, 56 o. r, 58 o, 58 u, 59 u, 60 o, 60 u, 63
Presse-Bild-Poss, Siegsdorf: S. 7 l, 7 r, 19 o, 20 l, 40 o, 49 r, 49 l, 61 o

Weitere Bilder wurden folgenden Publikationen entnommen:
S. 9 r, 62 r: Hurra, wir haben es geschafft! Die 50er Jahre in Heilbronn und in der Region von Uwe Jacobi, Bd. 1, S. 17, 21; S. 18 li. o, 18 re. o: Lebensgefühl einer Generation. Die 50er Jahre in Heilbronn und in der Region von Uwe Jacobi, Bd. 2, S. 16; S. 20 o: Unsere 60er Jahre im Rhein-Kreis Neuss. Lebensgefühl einer Generation von Susanne Niemöhlmann, Wartberg Verlag, S. 12; S. 20 r, 24 o: Kinder wie die Zeit vergeht! Das Kieler Fotoalbum der 60er und 70er Jahre von Philine Mannack und Martin Geist, Wartberg Verlag, S. 47, 44; S. 22 u, 23 u: Nordhessen wird mobil. Flotte Flitzer aus den 50er und 60er Jahren von Susanne Seidenfaden, Wartberg Verlag, S. 11; S. 23 l, 24 u, 24 l, 42 u: Nordhessen – Die wilden 60er Jahre von Peter Ochs, Wartberg Verlag, 60er, S. 43, 55 u, 57; S. 29 o, 29 r, 30 o: Wir vom Jahrgang 1950 von Brigitte Friedrich, Wartberg Verlag, S. 19 li, 13 u, 9 o; S. 33 l, 33 u, 52 l: Familie, Arbeit, Freizeit. Die 50er Jahre in Heilbronn und im Unterland von Uwe Jacobi, , Bd. 3, Wartberg Verlag, S. 21; S. 34 l, 52 r: Familie, Firma, Feierabend – Darmstadt in den 50er und 60er Jahren von Klaus Honold, Wartberg Verlag, S. 62, 29; S. 43 o: Lüneburg und Umgebung in den 50er Jahren. Lebensgefühl einer Generation von Sebastian Voigt, Wartberg Verlag, S. 5; S. 57: Familie, Firmen, Freizeit. Die 50er Jahre in Heilbronn und im Unterland, Bd. 3 von Uwe Jacobi, S. 52

Wir danken allen Lizenzträgern für die freundliche Abdruckgenehmigung. In Fällen, in denen es nicht gelang, Rechtsinhaber an Abbildungen zu ermitteln, bleiben Honoraransprüche gewahrt.

Besuchen Sie das 50er Jahre Museum in Büdingen mit seinen unzähligen Exponaten aus einer spannenden Epoche:
50er-Jahre-Museum e.V. · Auf dem Damm 3 · 63654 Büdingen

1. Auflage 2005
Alle Rechte vorbehalten, auch die des auszugsweisen Nachdrucks und der fotomechanischen Wiedergabe.
Satz und Layout: Ravenstein + Partner, Verden
Druck: Thiele & Schwarz, Kassel
Buchbinderische Verarbeitung: Büge, Celle
© Wartberg Verlag & Co. KG
34281 Gudensberg-Gleichen, Im Wiesental 1
Telefon 05603/93050 • www.wartberg-verlag.de
ISBN 3-8313-1610-4

Liebe Leserin,
lieber Leser,

Bilder sagen oft mehr als Worte. Das Buch, das Sie gerade in Ihren Händen halten, ist ein Fotoalbum aus den beiden spannendsten Jahrzehnten des 20. Jahrhunderts. Wir laden Sie ein zu einem Spaziergang mit den Augen – durch die 50er und 60er Jahre, wie wir sie in den Städten erlebt haben. Unsere Gesellschaft lässt sich heute mühelos in zwei Kategorien einteilen. Die einen, die Oldies, hatten das Glück, diese Zeit bewusst erlebt und ein Stück mitgestaltet zu haben. Die anderen, die Youngsters, werden zunehmend wissensdurstiger. Wenn die Generation der Väter und Mütter, der Großmütter und Großväter ins nostalgische Schwärmen gerät, wollen die einer computerorientierten Generation angehörenden Kinder und Enkel heute immer genauer wissen: Was macht den Zauber, aber auch den tatsächlichen Lebensalltag dieser Jahre aus, die für Deutschland zu Schicksalsjahrzehnten geworden sind?

Schubkraft für Generationen

„Wenn bei Capri die rote Sonne im Meer versinkt ..." Rudi Schurickes herzzerreißender Schlager musste es sein. Er traf unser Lebensgefühl nach dem Krieg. In den Städten wurde nach der Stunde Null und den Jahren der Tristesse neu aufgebaut und fleißig gearbeitet, Neues geschaffen. Und plötzlich war da wieder Platz für die Sehnsucht nach der großen weiten Welt, für den Italien-Urlaub mit dem Auto. Den konnte sich mancher schon leisten. Die Bundesbürger kamen viel schneller von Null auf Hundert als erwartet.
Aus heutiger Sicht alles nur Nostalgie, geprägt von Wehmut und Wohlgefühl? Nein. Es geht nicht allein um Petticoats und Elvis Presley, Cha-Cha-Cha und die ersten Fernsehbilder, Nierentische, Eisdielen, die Elektrifizierung des gesamtes Haushaltes, Zatopek, Soraya oder Errol Flynn, Symbole und Markenzeichen für die 50er. Diese Ära hat ein ganzes Jahrhundert geprägt. Von den 50er und 60er Jahren ging die soziale, kulturelle und wirtschaftliche Schubkraft für das Leben der nachfolgenden Generationen aus.

Gesammeltes Selbstbewusstsein

Typisch für diese Zeit: Trotz des Jubelsturmes, der mit dem Gewinn der Fußballweltmeisterschaft 1954 durch das Land ging, blieben wir bescheiden, arbeiteten fleißig und beharrlich weiter. Jeder hatte die Chance, sich sein eigenes kleines Wirtschaftswunder zu schaffen. Und alles mündete ins legendäre große Wirtschaftswunder, an dem ein ganzes Volk teilhaben konnte. Arbeit und Ausbildung, Kaufkraft und konjunkturelle Dynamik kennzeichneten unser Wirtschaftsleben. Die Städte blühten auf. Nach den Jahren des Elends, der Entbehrung, des Hungers und der Kälte holten sich die Menschen neuen Boden unter die Füße. Sie sammelten Selbstbewusstsein.

Erhard und Erhardt

Eine faszinierende Kombination aus Ludwig Erhard, dem Zigarre rauchenden Vater des Wirtschaftswunders, und Heinz Erhardt, dem exzellenten Komiker, führte zu vielfältigen gesellschaftlichen Impulsen. Erhards Slogan „Wohlstand für alle" wurde vom Polit-Jargon zur Realität. Bei Erhardt durfte wieder gelacht werden. Das Einfache – möglichst sinnlich musste es in den Schlagern sein – dominierte und ging den Menschen unter die Haut.

Musik und revolutionäre Kraft

Die 60er Jahre brachten uns eine völlig andere Musik, eine neue Jugendkultur, die einen Graben zwischen den jungen Leuten und der Welt der Erwachsenen mit dem Faible für Roy Black und Heintje legte. Die Beatles oder die Rolling Stones versetzten die Jugend in Schrei- und Weinkrämpfe. Jimi Hendrix, die Rattles und die Lords – überall schossen Beatbands wie Pilze aus dem Boden. Das machte die Jugend stark. Ordnung und Moralvorstellungen der Eltern wurden angezweifelt. Aus der Musik schöpften die Heranwachsenden auch ihre antiautoritäre Einstellung.

„Marsch durch die Instanzen"

Vom Wirtschaftswunder zum Protest. Die 60er mit Armin Harys 100-Meter-Weltrekord, Marilyn Monroe, Mauerbau, Kennedy-Mord, Cassius Clay, Porsche-Targa-Debüt oder dem ersten Menschen auf dem Mond wurden zum Jahrzehnt des Aufbegehrens. Wortführer wie Rudi Dutschke mutierten zu Trägern eines Zeitgeistes, der schnell einen Namen bekam: 68er Bewegung. Viele sprangen auf diesen Zug auf, entschlossen, die Gesellschaft im Eilzugtempo umzukrempeln. Sie gaben sich antiautoritär, emanzipatorisch, freigeistig und kündigten den „Marsch durch die Instanzen" an.
Sie gingen auf die Barrikaden, hielten zündende Reden, postulierten sexuelle Freiheit, warfen auch mit Steinen und demonstrierten, wo sie die Chance sahen, die Obrigkeit zu treffen. Randale und Prügelei zwischen Polizei und Protestlern bestimmten das Klima in unserer Städten. Politische Romantiker, Machtbesessene oder Revoluzzer, die das geistige Klima in der Bundesrepublik zum Positiven beeinflussten? Darüber streiten sich heute noch die Geister.

Horst Wisser

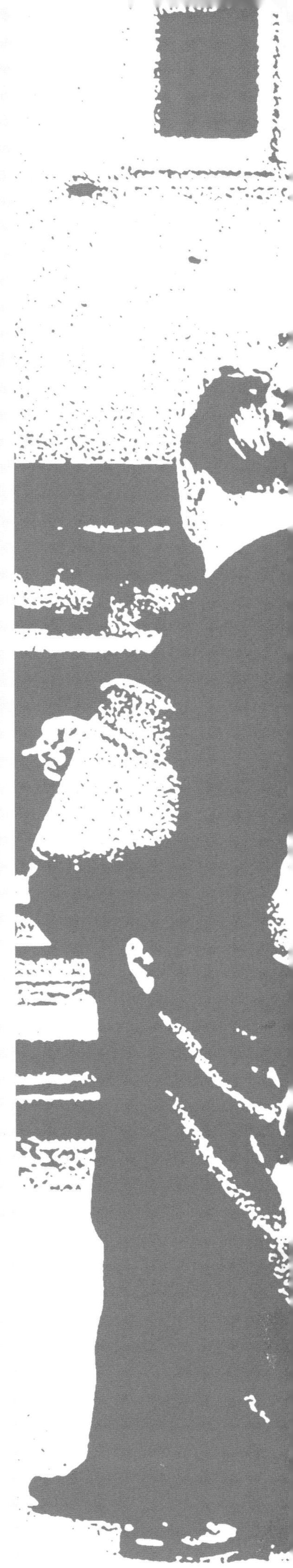

Schaut her, ich bin´s!
Den Roller mit richtigen Luftreifen hat dieser kesse kleine Kerl fest im Griff. Aus dem Gesicht des Jungen strahlt der ganze Optimismus der 50er Jahre. Und schon ein bisschen vom neuen Selbstbewusstsein.

Ruinen und neues Leben

Am Fuße der zerstörten Dresdner Frauenkirche hat sich eine Schafsherde einen Platz zum Tummeln und Futtern gesucht.

Hier sind die Bahnen schon wieder geordnet – nicht nur für Vierbeiner, die von einem Schäfer angeführt werden. Gleich daneben symbolisieren Mauersteine den Wiederaufbau, für den Zweibeiner sorgen.

Voll zufrieden! Dieser Landmann bestellt mit seinem Trecker den Acker, und hinter ihm beginnt schon die neue Zeit mit der Skyline neuer Wohnungen.

Tooooor!
Helmut Rahn hat gerade das 3:2 gegen Ungarn geschossen. Deutschland ist Fußball-Weltmeister. Das Wunder von Bern haben wir zu Hause oder in Gaststätten vor dem Fernseher miterlebt. Ein Gefühl, als sei alles live gewesen.

Top-Nachrichten per Telefon. Ein Job für Damen, die pausenlos stöpseln. Das Fräulein vom Amt stellt die wichtigen Fernsprechverbindungen her.

Schlagzeilen und Sensationen

Runter vom Fahrrad, wenn es Fotos und Schlagzeilen gibt! Die gedruckten Nachrichten sind an den Kiosk geheftet worden: die Monroe, Prinzessin Margret und das Groschenblatt „Bild".

Wenn Mama in der Telefonzelle klatscht, drückt sich Sohnemann vor lauter Langeweile an der Scheibe die Nase platt.

Schwindelfrei. Oben auf den Telefonmasten sorgen Klettermaxen und Strippenzieher für neue Verbindungen.

Frauen wollen aussehen und wirken wie Farah Diba, Sorayas Nachfolgerin beim Schah.

Einsteigen bitte! Wer bekommt bei dieser Schaffnerin nicht Lust auf's Straßenbahnfahren!

Ein weiblicher Schutzpolizist, ein Schupo: Was ist da bloß mit dem Holzroller passiert? Die Kinder blicken kritisch bis ängstlich drein.

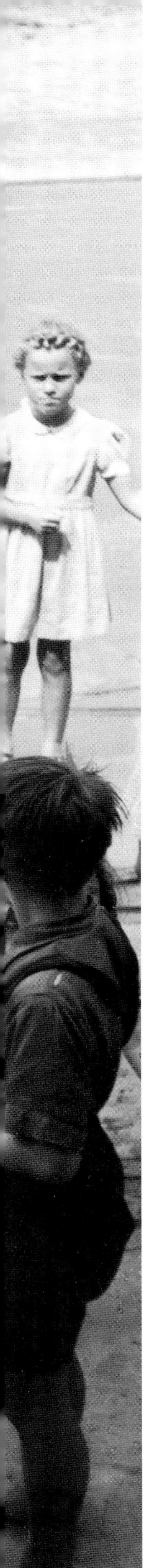

Der Krieg hat ihn zum Invaliden gemacht. Aber der Mann weiß sich zu helfen. Er zieht seinen Bollerwagen mit Dachpappe eisern und mit Hilfe der Krücke über das Pflaster.

Die tollen Trümmerfrauen!
Sie bringen Schwung und Zuversicht für den Neuaufbau in den Städten. Da packt sogar ein Mann mit an!

Mutter und Kinder fein in Schale: Zum Einkaufsbummel durch die Stadt hat sich die Familie extra hübsch gemacht.

Pure Lebensfreude!
Nur fliegen ist schöner. Jahrmarkt oder Kirmes ohne Kettenkarussell und dieses himmlische Gefühl? Kaum denkbar!

Akrobat schööön. Die kleinen Schaulustigen sind fasziniert von den Künsten dieses Mädchens. Ist der Kleine rechts unten der nächste Kletterer am Gerüst?

Menschen, Rucksäcke und volle Taschen: Der Zug bringt alle, die bei Hamsterfahrten Kartoffeln, Speck oder Eier eingetauscht oder erstanden haben, wieder nach Hause.

Das ist die Attraktion der Nachkriegszeit, ein Paradies für Einkaufslustige. Das Wirtschaftswunder macht es möglich: In Frankfurt am Main eröffnet bereits 1955 der erste Supermarkt.

Kein Platz mehr in den Gärten der Lokale. Unsere Familien können sich schon wieder das Bierchen und das Mittagessen in einem Gasthaus leisten.

Alles sauber, gepflegt und gut sortiert: In den Tante-Emma-Läden gibt´s fast alles, was man zum Leben braucht. Und den täglichen Tratsch dazu.

Reklame muss sein. Wie wär´s mit einer Maggi-Suppe?

Im Astra-Kino von Ost-Berlin locken „Die Brüder Karamasow", ein Westfilm mit Maria Schell und Yul Brynner in den Hauptrollen. Oder das Musical „My fair Lady". Eine Kindervorstellung gibt´s auch.

Auch das ist Ost-Berlin. Zu den Weltfestspielen 1951 formieren sich junge Leute auf ihren Fahrrädern beinahe militärisch zu einer Parade. 1,2 Millionen aus der DDR heißen zwei Millionen Gäste aus 42 Nationen willkommen.

Welch ein monumentales Plakat! Und erst der Filmtitel! Die Jungen berauschen sich draußen vor dem Kino an einem Film aus Amerika. Die riesigen Ankündigungen haben uns tief beeindruckt.

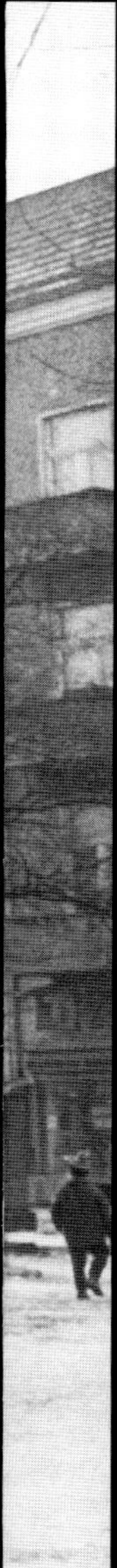

Rächer
der Unterwelt

Na, schafft er es?
Schiebt er die Murmel gefühlvoll mit dem Zeigefinger in das kleine Loch? Zuschauen ist fast so schön wie mitspielen. Fast immer hat dieses Spiel mit einfachen Mitteln Altersgenossen oder Freunde als Publikum.

Lauter strahlende Gesichter, nur die Puppe schaut zum Himmel. Ein herrlicher Spaß! Die Stange zum Teppichklopfen auf den Hinterhöfen unserer Städte ist der richtige Platz zum Schaukeln. Sechshändig sorgen die Mädchen für Schwung.

Draußen spielen – ein herrlicher Spaß!

Zum Abtanzball tragen die jungen Damen Kleider mit Petticoats. Die Knie sind noch bedeckt. Die Tänzer warten zur Feier des Tages überwiegend mit Fliege auf.

Dieser Tanz ist „in" in den 50er Jahren: Cha-Cha-Cha. Das Tanzlehrer-Ehepaar zeigt, wie die Schritte gehen.

Fünfmal kniefrei, einmal lang. Beim Abtanzball 1968 ist Mini der Hit der Mädchen. Ob Kleid oder Rock. Lange Abendkleider sind da schon die Ausnahme.

Olala ! Mode-Hits der neuen Zeit

Zum Hingucken für Halbstarke der auslaufenden 50er Jahre: Faltenrock mit Petticoat, schmale Taille und Pfennigabsätze. Ach ja, dann sind da noch die hübschen Beine!

Rüschenwunder Petticoat: Die Puppenmutter, die ihren Kinderwagen durch die Stadt schiebt, trägt ihn auch schon.

Eleganz von Kopf bis Fuß: Der herrlich lange Faltenrock ist kaum zu toppen.

Eine schicke Kurzhaarfrisur ist bei den Damen beliebt.

Das klassische Outfit auf unseren Straßen beim Übergang von den 50er in die 60er Jahre. Mädchen mit Petticoatkleid und –rock, breitem Gürtel und toupierten Haaren.

Kein Problem! Auf diesem Zweirad lässt sich auch mit Faltenrock und Petticoat hervorragend in die Pedalen treten.

Gleich steigen sie alle ein. Ob sie auch hineinpassen? Das Auto macht mobil für die Fahrt ins Grüne oder in den Urlaub. Der „Käfer" wird für uns alle zum Schlager der 50er und 60er.

Die Parade der „Käfer": Wolfsburg und der „Volkswagen". Ein Werk, schon 1938 auf einer grünen Wiese gegründet, wird zum Motor für das Wirtschaftwunder. Das 13-stöckige Verwaltungshochhaus stammt aus dem Jahr 1959.

Fahrertür auf, Fotoapparat her und freundlich gelächelt. Mein neues Auto! Dieses Gefährt wird im Jahr 1959 auf Zelluloid gebannt. Hier ist es ein Luxusschlitten, ein Chevrolet aus Amerika.

Kein Prunkexemplar, aber ein tolles Auto der Marke Zündapp Janus. Das Qualitätsstück erregt Aufmerksamkeit, weil es nicht so viele davon gibt. Zum Foto lehnt man sich lässig an das schöne Vehikel.

Voll in Fahrt!

Fährt die Familie mit einem Ford (Baujahr 1951) fort, muss der Fotoapparat mit, um Menschen und Fortbewegungsmittel mit einem gelungenen Schuss zu erfassen.

Wie praktisch! Der neue Firmen-Kleinbus hat auch Platz für sechs Männer, die zu einem Betriebsausflug starten.

Der kleine weiße Fiat, umgeben von zwei mächtigeren „Käfern", wird zum geschätzten Kleinod, wenn junge Männer auf Achse sind.

Zwei sind stolz auf das erste Goggomobil aus dem Jahre 1958: Ein Großer und Kleiner tragen extra Krawatte.

Da stehen sie in Reih´und Glied, die schönsten Autos der 60er Jahre: VW, Opel, DKW, Fiat, Lloyd, Ford oder Mercedes. Die Autowelle hat Kiel, die maritime Metropole des Nordens, erreicht.

Cool und sportlich
Ein gestylter Karmann Ghia ist schon so etwas wie ein Mini-Porsche.

Die Knutschkugel! Hier wird die legendäre Isetta von BMW allerdings als Schauplatz für einen Flugtag benutzt.

Kraftvolle Hände, starke Schultern und die ersten PS

Kein PS-Protz, aber eine starke Maschine. Mit sechs Pferdestärken zieht dieser Traktor einen Anhänger durch unsere Straßen. Was transportiert wird? Alteisen, Lumpen oder Papier.

Huckepack!
Mannesstärke ist gefragt, wenn es gilt, die Kohlensäcke in die Keller zu bringen und sie dort auszuschütten.

Zwei PS vor einem Wagen sind 1954 noch unentbehrlich. Die Pferde dürfen saufen. Sie bringen Eisblöcke in private Haushalte, in denen es noch keine Kühlschränke gibt.

So macht Schule erst richtig Spaß!
Platz für vier auf einem richtigen Dickhäuter. Wenn der Zirkus kommt und einen Teil seines Programms zeigt, dürfen Jungen sogar auf einem kleinen Elefanten reiten.

Hier gibt es den Schliff!
Die Attraktion auf unseren Straßen in den 50er Jahren. Gebannt schauen die Kinder zu, wenn der Scherenschleifer gefühlvoll Messer, Scheren, Beile, Äxte oder Sicheln auf seinem rotierenden Schleifstein bearbeitet.

Da gibt's was zu gucken!

Spieglein, Spieglein ... Und jetzt nur noch die richtige Grimasse schneiden. Was, eine Waage für Erwachsene soll das hier sein?

Schlafaugen hat sie, die neue Puppe. Ein technisches Wunderwerk für alle Mädchen.

Brausepulver auf der Zunge spüren, Caro ist schon fast so interessant wie Bohnenkaffee.

Zwei Puppen, zwei lebende. Zum Knuddeln diese beiden, die es sich auf einem Baumstamm gemütlich gemacht haben.

Totale Konzentration. Drei Mädchen kümmern sich rührend um die Puppe. Einem aber scheinen die Rollschuhe weitaus wichtiger zu sein. Gleich wird losgerollt.

Plantschen erlaubt
Heute ist Badetag für Jungen und Mädchen. Wie praktisch doch Zinkwannen sind!

Was, ein richtiges Kettcar hat dieses Mädchen schon? Da wird jeder Junge neidisch: „Darf ich auch mal fahren?"

„Wochenend-Rolls-Royce" oder „Schneewittchensarg" – der Messerschmitt-Kabinenroller ist mehr als ein überdachtes Motorrad. Zwei Plätze haben diese Damen – hintereinander.

Armaturenbrett und einfaches Lenkrad – aber das Gefühl auf drei Rädern ist wie in einem richtigen Auto.

Auf geht´s!
Hinten ist auch noch Platz für die kleine Schwester.

Sonntagslaune, Sonntagslook

Ein Ausflug mit der blitzeblanken 125er-Lambretta von NSU war das Größte. Die Herren geben Gas, die Damen posieren auf dem Sozius.

Das wirkt doch schon sehr zünftig. Ganz dem klassischen Motorroller Heinkel 175 ccm angemessen.

Unterwegs!

Mit der Wacht am Rhein auf Tuchfühlung. Dieses Damen-Quartett mit den flotten Hüten genießt den Betriebsausflug ins weinselige Rüdesheim.

So sehen zufriedene Lehrlinge aus, die mit ihrem Ausbildungsbetrieb einen Ausflug machen.

Das Schifferklavier bringt die Stimmung bei der Weihnachtsfeier einer Werkzeugfirma.

Ein Platz zum Lesen und Entspannen. Das Appartment für zwei ist praktisch eingerichtet, mit raumsparenden Möbeln. Typisch für die 50er Jahre.

Die Hausfrau hat die Wahl
Kohleherd (links) oder Elektroherd (Mitte). Gleich daneben kommt schon der erste Kühlschrank.

Die Elektrowelle rollt
Diese Nähmaschine kommt aus dem Hause Zündapp, wo sonst Motorräder gebaut werden.

So spart die Hausfrau Zeit

Jaaa! Staubsauger erleichtern nicht nur das Leben, sie können auch schon per Ratenzahlung erworben werden.

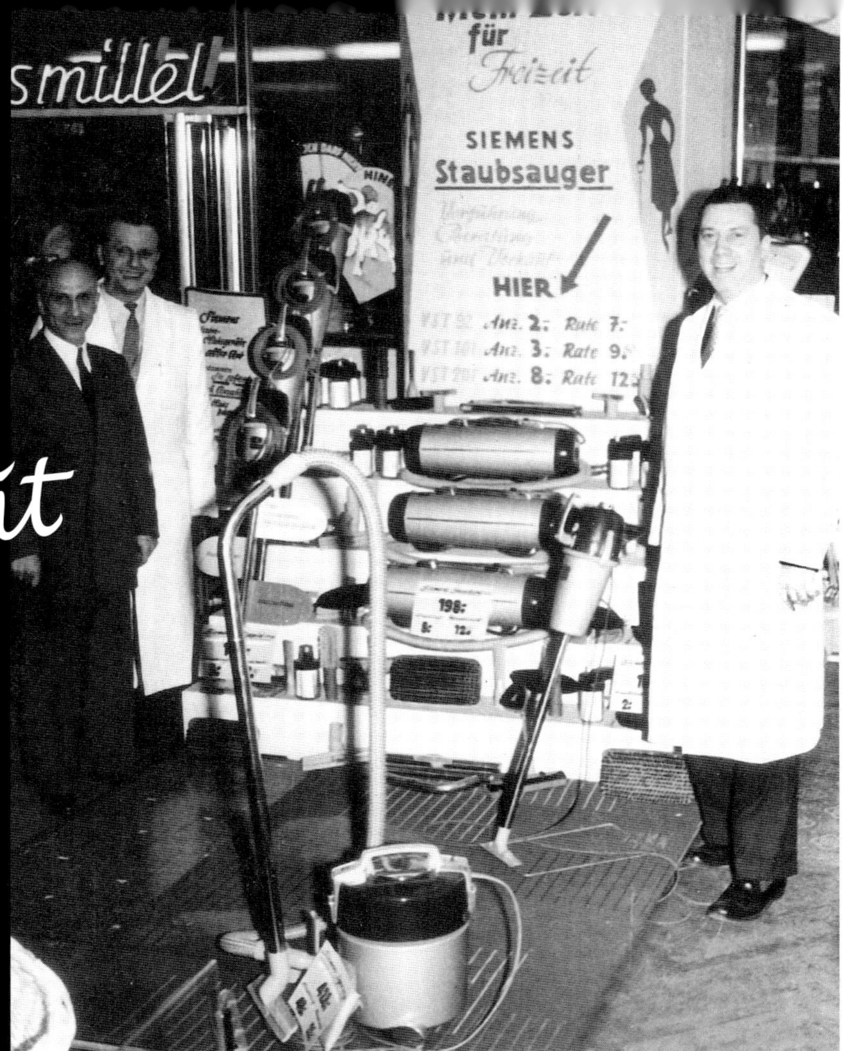

Das Radio stand in allen Haushalten, das Telefon war die Ausnahme.

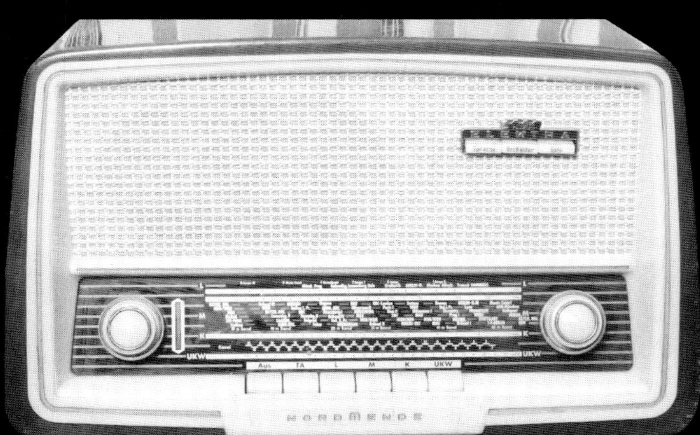

Das ist die Traumkombination jeder Hausfrau: Neben dem Elektroherd steht schon die Nirostaspüle.

„Wohlstand für alle"

Das Wirtschaftswunder mit dem Slogan „Wohlstand für alle" macht's möglich. Deutschlands erste Fußgängerstraße entsteht in Kassel. Zwischen 1953 und 1957 ist sie angelegt worden. Die Treppenstraße, die wegen ihrer baugeschichtlichen Bedeutung unter Denkmalschutz steht, ist in 160 Tagen gebaut worden und hat 200 000 Mark gekostet. Dominierend: das Verwaltungsgebäude der Elektrizitäts-AG Mitteldeutschland.

Aufbruchsstimmung
Alles ist drin in diesem Foto. Frühstück mit Milch, Brot und Marmelade. Papa steht schon in Hut und Mantel und wirft noch einen Blick in die Zeitung, ehe er ins Büro fährt. Sohnemann mit Tornister verputzt noch rasch eine Scheibe Brot. Gleich geht´s in die Schule. Mama im Hausfrauenkittel schenkt eine Tasse Kaffee ein, ehe sich die Familie für einige Stunden trennt.

Auf die Plätze ...

Alle warten auf grünes Licht. Nicht nur vor dem Zebrastreifen, wo die meisten Frauen volle Einkaufstaschen tragen. Die 50er Jahre machen in vielen Bereichen den Weg frei.

Wie im Gänsemarsch: Vorfahrt für die Fußgänger! All überall Damen mit Hand-, Einkaufstaschen und Kinderwagen. Wer mit Fahrrad oder Auto kommt, muss warten.

In der Stadt ist was los!

Unübersehbar

Die Groschen-Romane treten ihren Siegeszug an. Ist dieser Junge schon 18, wenn er sich entschließen sollte, einen „nur für Erwachsene" vorgesehenen Sittenroman zu kaufen?

Was gibt es Neues? Wenn der Mann mit dem Kleisterbesen zur Litfaßsäule kommt, bleiben auch die Puppenmütter mit ihren Wagen stehen.

Die bundesdeutsche Einheitsfamilie mit zwei Kindern geht spazieren und genießt ihre Freizeit an einem See. Hand in Hand die Eltern, und der Sohn darf das jüngste Familienmitglied in der Kinderkarre schieben.

08/15 – ein Film wird zum Muss für die Deutschen. Die Wehrmachts- und Kriegsszenen werden zum Durchbruch für einen Schauspieler: Joachim Fuchsberger.

Pack die Badehose ein!
Knüppeldickevoll wie auf einem Ameisen-Areal: Wohl dem, der an heißen Sommertagen in seiner Freizeit einen Platz im Freibad findet.

Zwei auf der Stoßstange eines Ford Taunus 15 M. Nach dem Bad und im Bademantel schmeckt das Eis besonders gut.

Raus in's Grüne!

Hmmmmh! Beim Eismann gibt´s die köstlichen Schokoladen-, Vanille- oder Zitronen-Kugeln in einer Tüte auf die Hand.

Der Mississippi lässt grüßen. Mit einem Raddampfer auf Flüssen schippern und unterwegs an Ausflugslokalen anlegen – das ist Freizeitgestaltung pur.

Blühende Zeiten

Die Gemütlichkeit in einer Laubenkolonie ist nicht zu überbieten. Ein Idyll am Rande von Wohngebieten zum Entspannen.

Das gab´s schon in den 20er Jahren. Familien bringen das Kaffeepulver mit und bekommen im Ausflugslokal gegen ein geringes Entgelt heißes Wasser zum Aufbrühen.

Gleich kommt der Zug

Der herausgeputzte Steppke, mit weißen Socken und gesteiftem Hemd im Sonntagslook, weiß, dass er gerade fotografiert wird.

Zwei schlicht, zwei kraus
Mama ist auch beim Ausspannen aktiv. Das grüne Umfeld eines Wohnblocks lädt uns zum Entspannen auf Liegestühlen ein.

Gruppenbild mit Akkordeon
Klick! Wer mit einem modernen Reisebus unterwegs ist, formiert sich auch zum Panorama-Foto.

Langsamer Walzer, Foxtrott, Tango
Die Standardtänze haben den Vorteil, dass sie auch auf knapp bemessener Tanzfläche möglich sind.

Verrückter Rock ´n´ Roll
Und das in vorschriftsmäßiger Kleidung! Die jungen Herren dürfen in die Knie gehen und die Damen durch die Lüfte wirbeln.

Männer machen heitere Mienen. Kein Wunder, sie befinden sich im „Samba", einem Gesellschaftswagen der Deutschen Bundesbahn.

Toscanini auf der Kreuzung

Die geliebte Straßenbahn hat freie Fahrt in Frankfurts City. Dafür sorgt dieser agile Ordnungshüter in weißer Uniform.

Unsere gute alte Tram. Sie rollt mit dem Strom aus der Oberleitung vorbei an Baggern und Lastwagen, wenn die Straße verbreitert wird.

Unsere Tram!

Rien ne va plus
Straßenbahnen versinken in einem Menschenmeer. Sturm auf ein neues Kaufhaus mit bunter Vielfalt. Die Deutschen können sich wieder etwas leisten.

Freie Auswahl
Wie hätten´s die Leute gern? Der Dreiklang für die Fortbewegung in unseren Städten: Auto, Schiene, Schiff.

Baugerüste, Bagger und Kräne machen aus einer Trümmerwüste schnell ein Areal, auf dem wieder geschäftliches Leben pulsiert.

Abschied von der Baracke

Der Traum von den eigenen vier Wänden geht rasch in Erfüllung, weil der Wohnungsbau mächtig forciert wird.

Macht mal Pause!
Mitte der 50er Jahre gibt es jede Menge Arbeit für Frauen. Dieses Quartett jobbt in einem Fachgeschäft für Textilien und ruht sich kurz aus.

So ein Arbeiter ist unentbehrlich für das Kopfsteinpflaster: Der Straßenfeger kommt mit Schaufel und Besen.

Wer einen Job sucht, findet ihn und kann sich sein Geld verdienen. Facharbeiter, aber auch Hilfsleute sind überall begehrt.

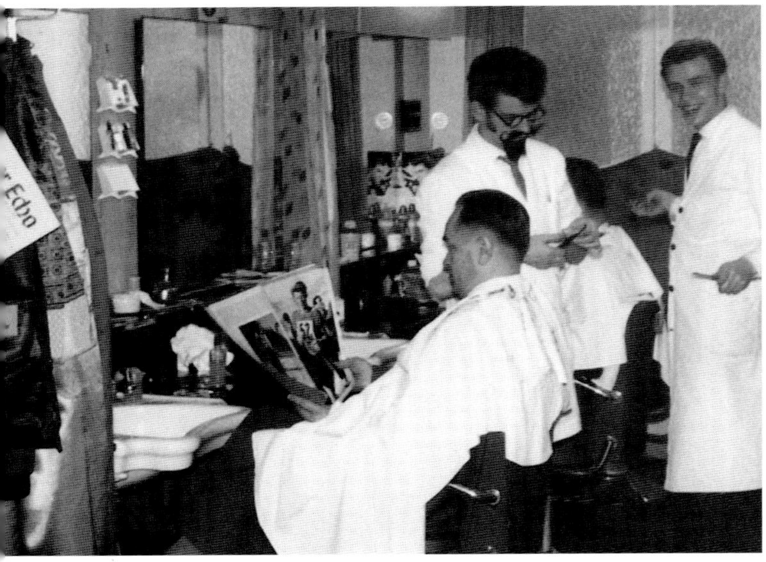

Haare schneiden, rasieren, Zeitung lesen, der Herr?
Service und Kundenfreundlichkeit in der Friseurbranche sind beispielhaft.

Auf die Duftnote kommt es an. Volle Regale, Kundinnen dicht an dicht. Mit einem bemerkenswerten Parfümerie-Angebot locken die Drogerien vor allem die Weiblichkeit.

Sehnsucht nach dem ersten Flug haben diese jungen Mädchen im Internatszimmer. Sie wollen Stewardessen werden.

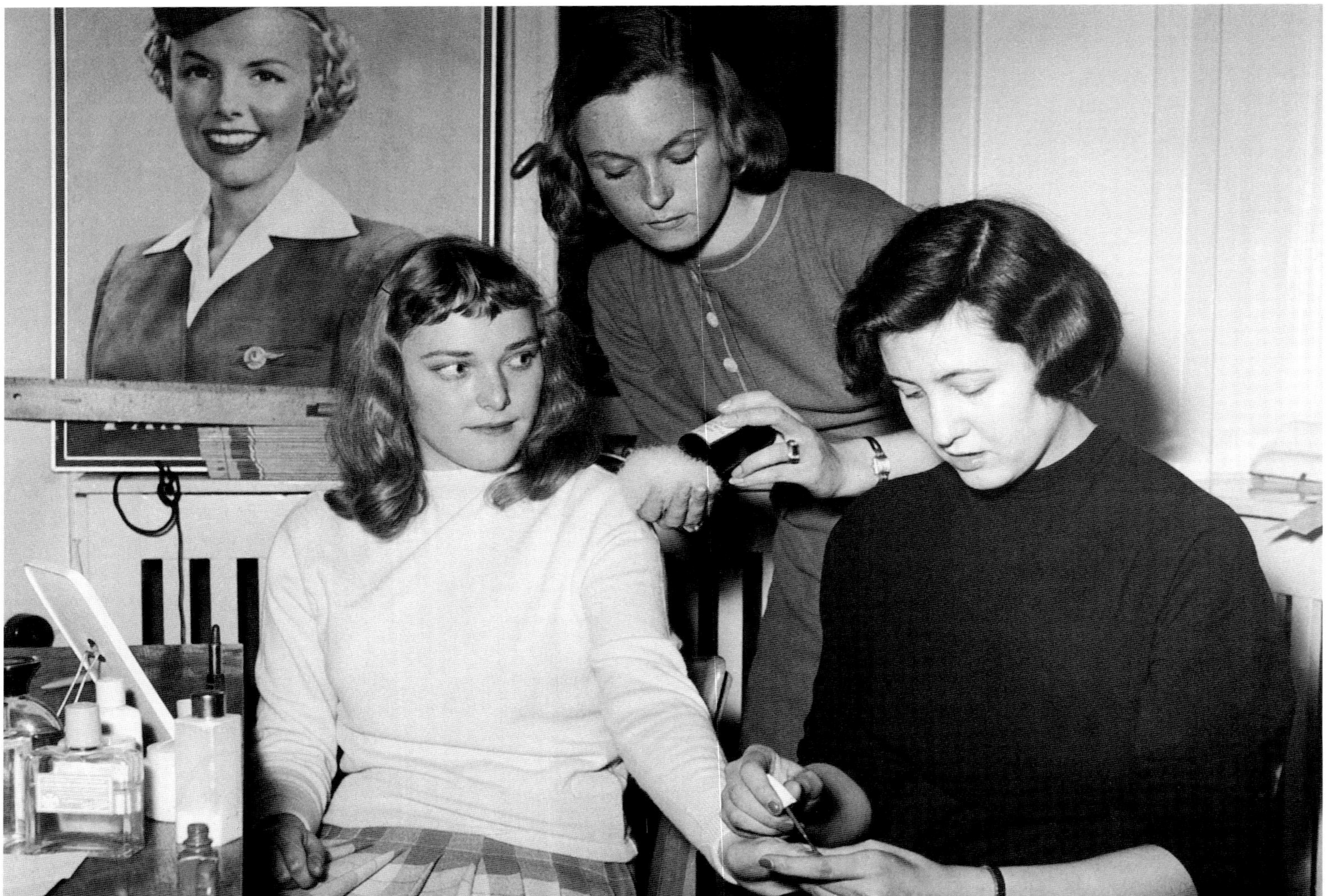

Vorn die Karossen vom Konzern mit dem Stern. Dahinter die großen und kleinen Brummis. Die Lkw- und Pkw-Flotte einer Spedition in Darmstadt signalisiert: Die Wirtschaft boomt. Unternehmen bekommen Aufträge, die Bundesbürger haben Arbeit.

Ohne Sprit läuft nichts

So sieht eine moderne Tankstelle aus, eine von Gasolin. Ein Tankwart bedient die Kunden. An Selbstbedienung denkt Ende der 50er Jahre noch niemand.

Feinmechanik am Fließband. Hier werden gefühlvolle Frauenhände benötigt. Sie produzieren Zubehörteile für Autoradios.

Bitte recht freundlich!
Weißer Kittel und Krawatte sind obligatorisch. So sehen Konstrukteure in den 50er Jahren aus.

Bella Germania!
Die ersten Gastarbeiter sind Italiener. Hier werden Massimo, Giovanni oder Giancarlo im Volkswagenwerk in Wolfsburg auf den Job vorbereitet. Eine Szene aus dem Jahr 1961.

Geschäftiges Treiben
In Frankfurt am Main ist es wie in den meisten unserer Großstädte. Pulsierendes Leben mit Bimmelbahnen, großen und kleinen Straßenkreuzern und Menschen auf den Bürgersteigen, die sich an vollen Schaufenstern und Auslagen ergötzen.

Nanu! Wie hat der Fahrer es nur fertig gebracht, diesen Lkw auf die Seite zu legen?

Schularbeit in Gruppen. Nur so ist es möglich, in den überfüllten Klassen zu Beginn der 50er Jahre effektiven Unterricht zu machen. Später werden solche Lerngruppen zum offiziellen Schulprogramm.

Hier ist die Welt noch in Ordnung!
Die Mädchen tragen ausschließlich Röcke und von den Jungen ist es nur einer, der mit Jeans in die Schule kommt.

Hui, hui! Nur nicht zu nahe kommen, wenn es zischt und qualmt. Diese Kinder haben ein kleines Feuerwerk inszeniert und vorher gesammelt, was von der Silvesterknallerei übrig geblieben war.

Treppab im schmucken Dirndl. Und die Stewardess gibt Hilfestellung. Ein irres Erlebnis für Kinder, einmal über den Wolken gewesen zu sein.

Auch das ist ein Transportmittel. Und so funktioniert es! Beim Räderverleih zeigt der Chef den Umgang mit einem luftbereiften Roller.

Eine Domäne für Mädchen: Gummi-Twist. Die Jungen schauen interessiert zu.

Auf die Plätze, fertig, los! Wer ist zwischen den Teppichstangen am schnellsten?

Musik macht überall in Deutschland fröhliche Stimmung. Posaune, Klarinette, Kornett, Akkordeon, Bass, Gitarre, Schlagzeug oder Klavier - Bands, Trios oder Combos bitten in den Tanzcafés und Sälen auf das Parkett.

Die Ära der 68er-Generation

Der SDS-Verlag „Neue Kritik" ruft auf der Frankfurter Buchmesse zum Protest gegen Apartheid und Rassismus vor dem Messestand Südafrikas auf.

Stacheldraht und Sit-in. So wollen Studenten die Auslieferung der BILD-Zeitung verhindern.

Protest!

Sie sind gegen alles, was nach Obrigkeit und Bevormundung riecht, und gehen auf die Straße. Schüler streiken mit Plakaten und Musik.

Polizeieinsatz und „Wasser, marsch!"
Gummiknüppel, Wasserwerfer und Prügelszenen zwischen Ordnungshütern und Demonstranten sind typisch für die 68er-Bewegung.

Erst der Käfer, dann der Mercedes. Im Parkverbot kennt der Polizist kein Pardon. Er schreibt die beiden Verkehrssünder auf.

Dein Freund und Helfer. Polizisten können auch anders sein.

Mitten in der City: Service für einen Autofahrer.

Wann geht der nächste Zug?
Diese Männer wissen es. Sie pendeln täglich zwischen ihrem Zuhause und dem Arbeitsplatz. Ohne die Eisenbahn wären sie aufgeschmissen.

Markt, Markt!
Der Wochenmarkt wird zum Einkaufsparadies, wenn die fliegenden Händler mit Obst, Fisch, Wurstwaren oder Käse kommen.

Und wieder packen die Frauen mit an. Sie sind aber längst keine Trümmerfrauen mehr. Zu Beginn der 60er Jahre bauen sich Familien schon ihre eigenen Heime.

Prost! Die Familie macht eine kurze Pause beim Bau ihres Eigenheims.

Stein auf Stein, die Fabrik wird bald fertig sein. Unternehmer schaufeln den Mörtel, wenn es gilt, sich eine neue Existenz aufzubauen.

Alle packen an! Die 50er und 60er Jahre sind die Zeit des Aufbruchs.

Liebe Leserin,
lieber Leser,

wir wünschen Ihnen viel Freude bei der Lektüre dieses Buches, beim Betrachten der Fotografien, dem Sich-Erinnern ...!

Wenn Ihnen dieses Buch gefallen hat, haben Sie vielleicht auch Lust auf mehr? Der Wartberg Verlag hält für Sie ein umfangreiches Programm mit Bildbänden über Städte und Regionen, historischen Themenbänden, aber auch Freizeitführern und aktuellen Farbbildbänden bereit. Gerne senden wir Ihnen unser aktuelles Verlagsprogramm kostenfrei zu :

Wartberg Verlag GmbH & Co.KG
Im Wiesental 1
34281 Gudensberg-Gleichen
Tel. 0 56 03 / 93 05-0
Fax 0 56 03 / 93 05-28
info@wartberg-verlag.de

Informieren Sie sich auf unserer Homepage oder in Ihrer örtlichen Buchhandlung über die aktuellen Neuerscheinungen aus dem Wartberg Verlag!

www.wartberg-verlag.de

Wir wünschen viel Vergnügen beim Stöbern!

Das ganz
persönliche Geschenk
Die Jahrgangsbände
1929–1966

... für Frank zum 40. Geburtstag,
... für Lisa, meine beste Freundin aus der ersten Klasse,
... für Tante Marie, die so gerne jung war,
... für den Kollegen Kalle zum Dienstjubiläum
... und: für mich.

Erinnern Sie sich an die ersten 18 Lebensjahre – an Ihre Kindheit und Jugend!

je Band nur **12,90** Euro

Tolle Fotos und Geschichten mitten aus dem Alltag, geschrieben von Autoren aus Ihrem Jahrgang, lassen eigene Erinnerungen lebendig werden.

www.**kindheit**und**jugend**.de
www.**jahrgangsbaende**.de